JACK MANINI MARC MALÈS

HOLLYWOOD

1 - FLASH-BACK

SCÉNARIO
JACK MANINI

DESSIN
MARC MALÈS

COULEUR
BÉRENGÈRE MARQUEBREUCQ

Glénat

www.glenatbd.com

ISBN : 978-2-7234-6375-1
Dépôt légal : septembre 2010
Achevé d'imprimer en Belgique en septembre 2010 par Lesaffre,
sur papier provenant de forêts gérées de manière durable.

New York
1891
IL EST DÉJÀ LÀ...
NOTRE DERNIÈRE CHANCE.
JE SERAI DE RETOUR AU PLUS TARD DEMAIN, AVEC BEAUCOUP D'ARGENT...
WOUINNNN! WOOUINNN!
PLEURE PAS, MA PUCE ! PAPA REVIENT BIENTÔT.
...J'AI UNE BELLE SURPRISE POUR TOI...

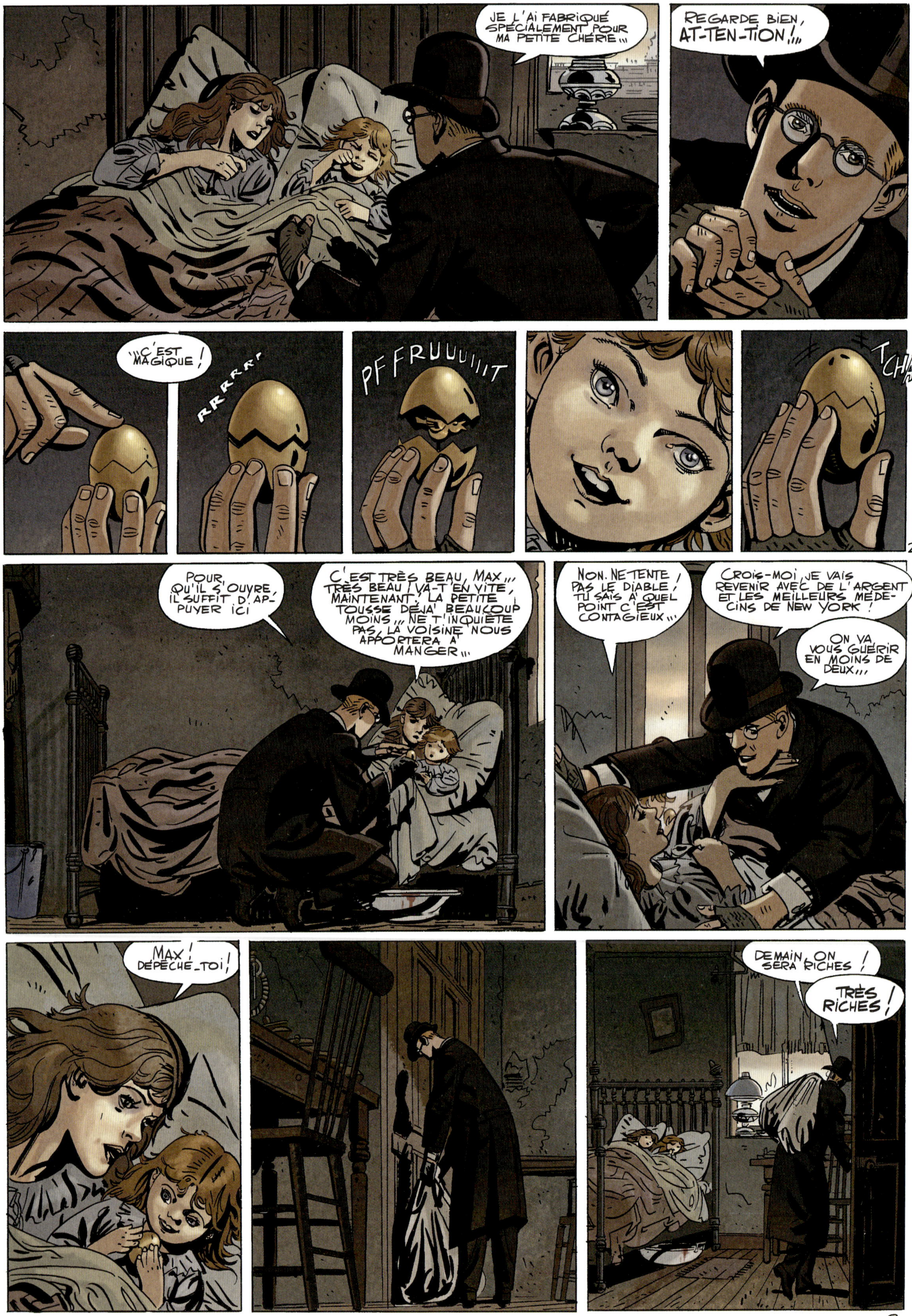
JE L'AI FABRIQUÉ SPÉCIALEMENT POUR MA PETITE CHÉRIE...
REGARDE BIEN, AT-TEN-TION !...
...C'EST MAGIQUE !
RRRRR
PFFRUUUUIIT
TCHAK
2A
POUR QU'IL S'OUVRE, IL SUFFIT D'APPUYER ICI
C'EST TRÈS BEAU, MAX... TRÈS BEAU ! VA-T'EN VITE, MAINTENANT. LA PETITE TOUSSE DÉJÀ BEAUCOUP MOINS... NE T'INQUIÈTE PAS, LA VOISINE NOUS APPORTERA À MANGER...
NON. NE TENTE PAS LE DIABLE ! TU SAIS À QUEL POINT C'EST CONTAGIEUX...
CROIS-MOI, JE VAIS REVENIR AVEC DE L'ARGENT ET LES MEILLEURS MÉDECINS DE NEW YORK !
ON VA VOUS GUÉRIR EN MOINS DE DEUX...
MAX ! DÉPÊCHE-TOI !
DEMAIN, ON SERA RICHES !
TRÈS RICHES !
2

DEUX HEURES QU'ON ATTEND, CAPITAINE...
ON EST TOUS TRIBUTAIRES DU TEMPS ET L'HUDSON EST CAPRICIEUX... MAIS ÇA S'ARRANGE, ON VA POUVOIR APPAREILLER.
...BON VOYAGE, MESSIEURS-DAMES.
3A
EXCUSEZ-MOI, C'ÉTAIT BIEN LE TRAM DES MANUFACTURES EDISON QUI VIENT DE PARTIR ?
OUI, LE STREET-CAR, UNE DE SES NOMBREUSES INVENTIONS, JEUNE HOMME !
IL PEUT ALIGNER DES MILES ET DES MILES SANS MÊME RECHARGER SES BATTERIES ÉLECTRIQUES, LA FIERTÉ DE NEW ORANGE !
QUEL GÉNIE ! ON SE DEMANDE CE QU'IL LUI RESTE À INVENTER.
CECI, PAR EXEMPLE... CETTE INVENTION-LÀ NE DOIT RIEN AU GRAND EDISON !
ET LE PROCHAIN STREET-CAR, IL PASSE QUAND ?
DEMAIN ! IL Y A À PEINE TROIS PETITES HEURES À PIED JUSQU'AU LABORATOIRE !
MA CHÈRE, MONSIEUR EST CERTAINEMENT UN GRAND SAVANT, IL A DONC DE BONNES JAMBES !
QUEL JEUNE COQ !
3

WAH WWAH WAH
VOUS VOULEZ QUOI ?
IL FAUT ABSOLUMENT QUE JE VOIE MONSIEUR EDISON !
Z'AVEZ RENDEZ-VOUS ? À CETTE HEURE ?!
NON, MAIS...
M'SIEUR EDISON, EN RAISON DE SON TRAVAIL, SE VOIT DANS L'IMPOSSIBILITÉ ABSOLUE D'ACCORDER N'IMPORTE QUELLE ENTREVUE PERSONNELLE. AUCUN VISITEUR NE PEUT RECEVOIR L'AUTORISATION D'ENTRER ICI !
Z'ÊTES MIRO ? C'EST ÉCRIT !
HARRY !
QU'EST-CE QUI SE PASSE ?
MONSIEUR EDISON !
JE M'APPELLE MAX LEXTER ! J'AI INVENTÉ UN APPAREIL QUI PERMET DE RECONSTITUER LE MOUVEMENT !
IL EST ICI, AVEC MOI ! LAISSEZ-MOI ENTRER S'IL VOUS PLAÎT...

JE SUIS DUR D'OREILLES, MAIS J'AI BIEN COMPRIS MOUVEMENT ET RECONSTITUTION ?
OUI, MONSIEUR EDISON. IL A DIT QUELQUE CHOSE COMME ÇA...
OUVRE CETTE GRILLE, HARRY, LAISSE ENTRER CE JEUNE HOMME.
LA JOURNÉE, C'EST UNE VRAIE RUCHE, ICI. JE TRAVAILLE AVEC TOUTE UNE ÉQUIPE DE SCIENTIFIQUES. TOUS TRÈS BRILLANTS, ET CERTAINS PLUS QUE MOI !
MAIS JE LES SURPASSE EN EFFICACITÉ, TOUS ! VOUS SAVEZ POURQUOI, JEUNE HOMME ?
PARCE QUE JE SUIS LE DERNIER À QUITTER CE LABO, INCREVABLE ET PLUS TÊTU QU'UNE MULE...
JE MULTIPLIE LES EXPÉRIMENTATIONS AVEC ACHARNEMENT, SURTOUT SI MA PROPRE RAISON M'EN DÉMONTRE L'EXTRÊME FUTILITÉ...
LE GÉNIE SCIENTIFIQUE SE RÉSUME À UN POUR CENT D'INSPIRATION ET QUATRE-VINGT-DIX-NEUF DE TRANSPIRATION !
MAIS VOUS AVEZ FROID ? VENEZ VOUS RÉCHAUFFER PRÈS DU POÊLE ET PARLEZ-MOI DE VOTRE INVENTION.
MERCI. JE VAIS VOUS MONTRER...

C'EST UN KINÉTOSCOPE, ENFIN, JE L'AI BAPTISÉ AINSI... SI VOUS VOULEZ BIEN REGARDER DANS L'OCULAIRE...
LE MÉCANISME EST ASSEZ SIMPLE. UN RUBAN DE CELLULOÏD PERFORÉ S'ENROULE AUTOUR D'UNE ROUE DENTÉE.
EN TOURNANT LA MANIVELLE, LE RUBAN DÉFILE ET LES IMAGES DONNENT L'ILLUSION DE S'ANIMER... MON FILM PASSE EN BOUCLE AFIN D'ÉVITER TOUTE RUPTURE...
FANTASTIQUE !
ET CE N'EST QU'UN DÉBUT ! AVEC UN PEU DE TEMPS, JE SUIS SÛR DE TROUVER LE MOYEN DE PROJETER LES IMAGES ANIMÉES, GRANDEUR NATURE !
VOUS ÊTES BRILLANT, MAX. MAIS EN RAISONNANT AINSI, VOUS COUREZ DROIT À LA FAILLITE...
IL FAUT COUPLER VOTRE KINÉTOSCOPE AVEC MON PHONOGRAPHE ! ON SE BOUSCULE DÉJÀ DANS LES PENNY ARCADES POUR Y ÉCOUTER DE LA MUSIQUE ENREGISTRÉE !
IMAGINEZ QU'EN PLUS ON PUISSE Y VOIR DES IMAGES BOUGER ! C'EST LA VIE MÊME QU'ON VA CAPTURER DANS CES BOÎTES MAGIQUES !
PROJETEZ VOS IMAGES, ET CENT PERSONNES LES VERRONT EN MÊME TEMPS, AU LIEU DE PAYER CHACUNE CENT FOIS UNE FOIS, POUR REGARDER LÀ-DEDANS !
ET CECI, C'EST L'APPAREIL DE PRISE DE VUE, N'EST-CE PAS ?
OUI, LE KINÉTOGRAPH PERMET DE FIXER LES IMAGES SUR PELLICULE.
UNE BELLE TROUVAILLE, UN FRUIT MERVEILLEUX ! UN NECTAR QUI VA PRODUIRE DE L'OR !
UN PEU COMME CETTE PETITE AMPOULE !
IMAGINEZ-VOUS LES SOMMES COLOSSALES QU'IL M'A FALLU ENGLOUTIR POUR TROUVER LE MEILLEUR FILAMENT !

6

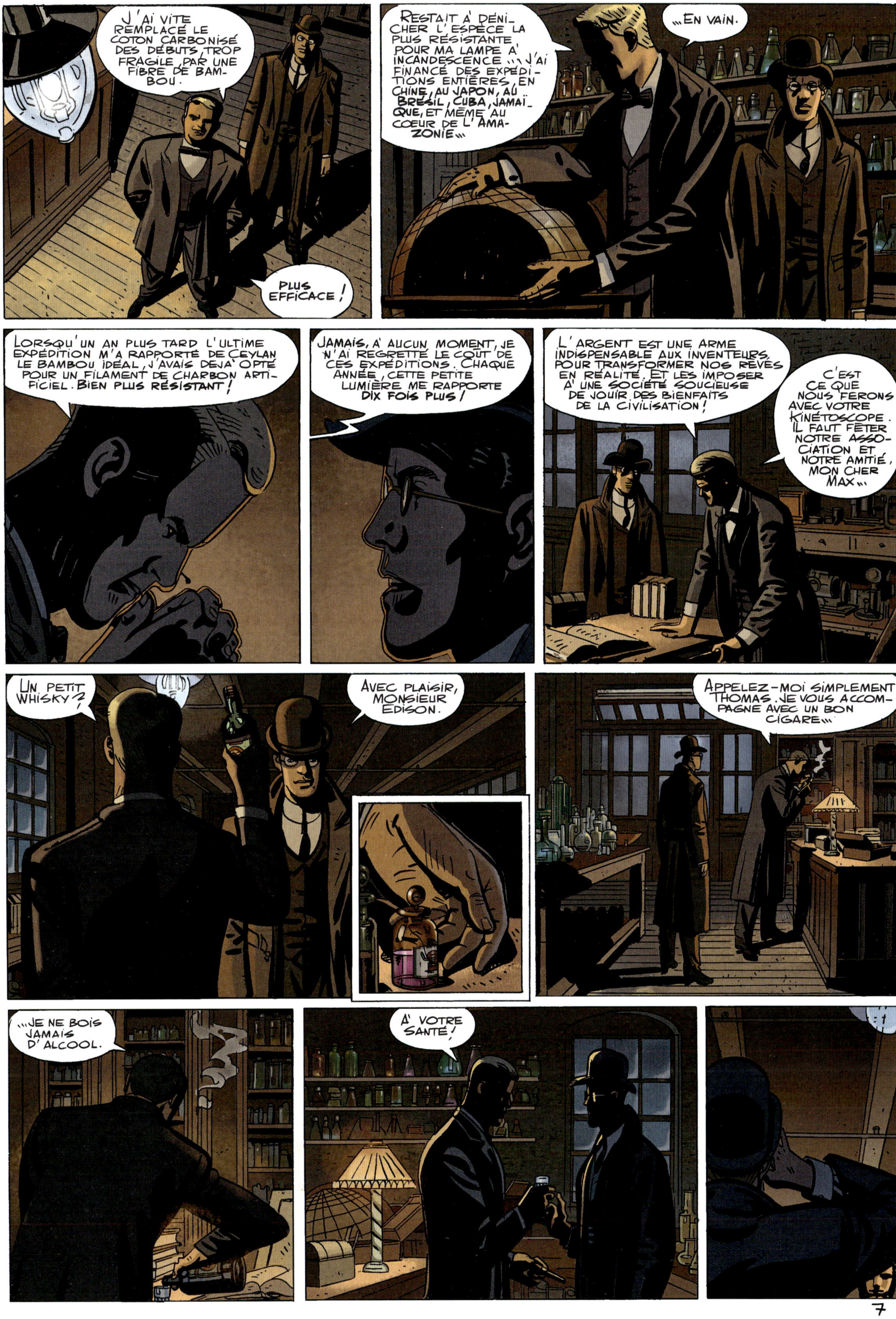
J'AI VITE REMPLACÉ LE COTON CARBONISÉ DES DÉBUTS, TROP FRAGILE, PAR UNE FIBRE DE BAMBOU.
PLUS EFFICACE !
RESTAIT À DÉNICHER L'ESPÈCE LA PLUS RÉSISTANTE POUR MA LAMPE À INCANDESCENCE... J'AI FINANCÉ DES EXPÉDITIONS ENTIÈRES, EN CHINE, AU JAPON, AU BRÉSIL, CUBA, JAMAÏQUE, ET MÊME AU COEUR DE L'AMAZONIE...
...EN VAIN.
LORSQU'UN AN PLUS TARD L'ULTIME EXPÉDITION M'A RAPPORTÉ DE CEYLAN LE BAMBOU IDÉAL, J'AVAIS DÉJÀ OPTÉ POUR UN FILAMENT DE CHARBON ARTIFICIEL. BIEN PLUS RÉSISTANT !
JAMAIS, À AUCUN MOMENT, JE N'AI REGRETTÉ LE COÛT DE CES EXPÉDITIONS. CHAQUE ANNÉE, CETTE PETITE LUMIÈRE ME RAPPORTE DIX FOIS PLUS !
L'ARGENT EST UNE ARME INDISPENSABLE AUX INVENTEURS POUR TRANSFORMER NOS RÊVES EN RÉALITÉ. ET LES IMPOSER À UNE SOCIÉTÉ SOUCIEUSE DE JOUIR DES BIENFAITS DE LA CIVILISATION !
C'EST CE QUE NOUS FERONS AVEC VOTRE KINÉTOSCOPE. IL FAUT FÊTER NOTRE ASSOCIATION ET NOTRE AMITIÉ, MON CHER MAX...
7A
UN PETIT WHISKY ?
AVEC PLAISIR, MONSIEUR EDISON.
APPELEZ-MOI SIMPLEMENT THOMAS. JE VOUS ACCOMPAGNE AVEC UN BON CIGARE...
...JE NE BOIS JAMAIS D'ALCOOL.
À VOTRE SANTÉ !
7

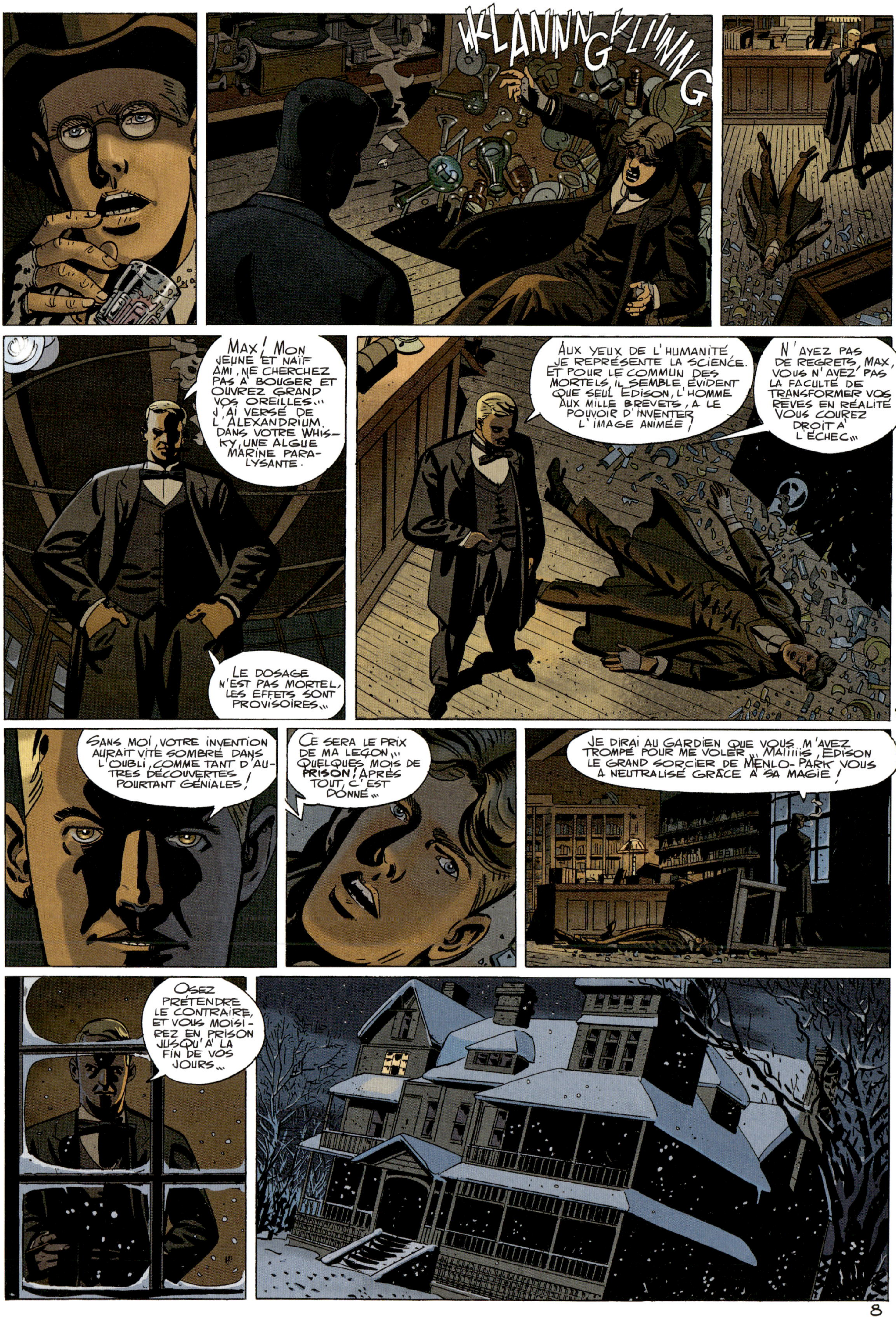
KLANNNG KLIIINNG
MAX ! MON JEUNE ET NAÏF AMI, NE CHERCHEZ PAS À BOUGER ET OUVREZ GRAND VOS OREILLES... J'AI VERSÉ DE L'ALEXANDRIUM DANS VOTRE WHISKY, UNE ALGUE MARINE PARALYSANTE.
LE DOSAGE N'EST PAS MORTEL, LES EFFETS SONT PROVISOIRES...
AUX YEUX DE L'HUMANITÉ, JE REPRÉSENTE LA SCIENCE. ET POUR LE COMMUN DES MORTELS, IL SEMBLE ÉVIDENT QUE SEUL EDISON, L'HOMME AUX MILLE BREVETS, A LE POUVOIR D'INVENTER L'IMAGE ANIMÉE !
N'AYEZ PAS DE REGRETS, MAX, VOUS N'AVEZ PAS LA FACULTÉ DE TRANSFORMER VOS RÊVES EN RÉALITÉ. VOUS COUREZ DROIT À L'ÉCHEC...
8A
SANS MOI, VOTRE INVENTION AURAIT VITE SOMBRÉ DANS L'OUBLI, COMME TANT D'AUTRES DÉCOUVERTES POURTANT GÉNIALES !
CE SERA LE PRIX DE MA LEÇON... QUELQUES MOIS DE PRISON ! APRÈS TOUT, C'EST DONNÉ...
JE DIRAI AU GARDIEN QUE VOUS M'AVEZ TROMPÉ POUR ME VOLER... MAIIIIS, EDISON LE GRAND SORCIER DE MENLO-PARK VOUS A NEUTRALISÉ GRÂCE À SA MAGIE !
OSEZ PRÉTENDRE LE CONTRAIRE, ET VOUS MOISIREZ EN PRISON JUSQU'À LA FIN DE VOS JOURS...
8

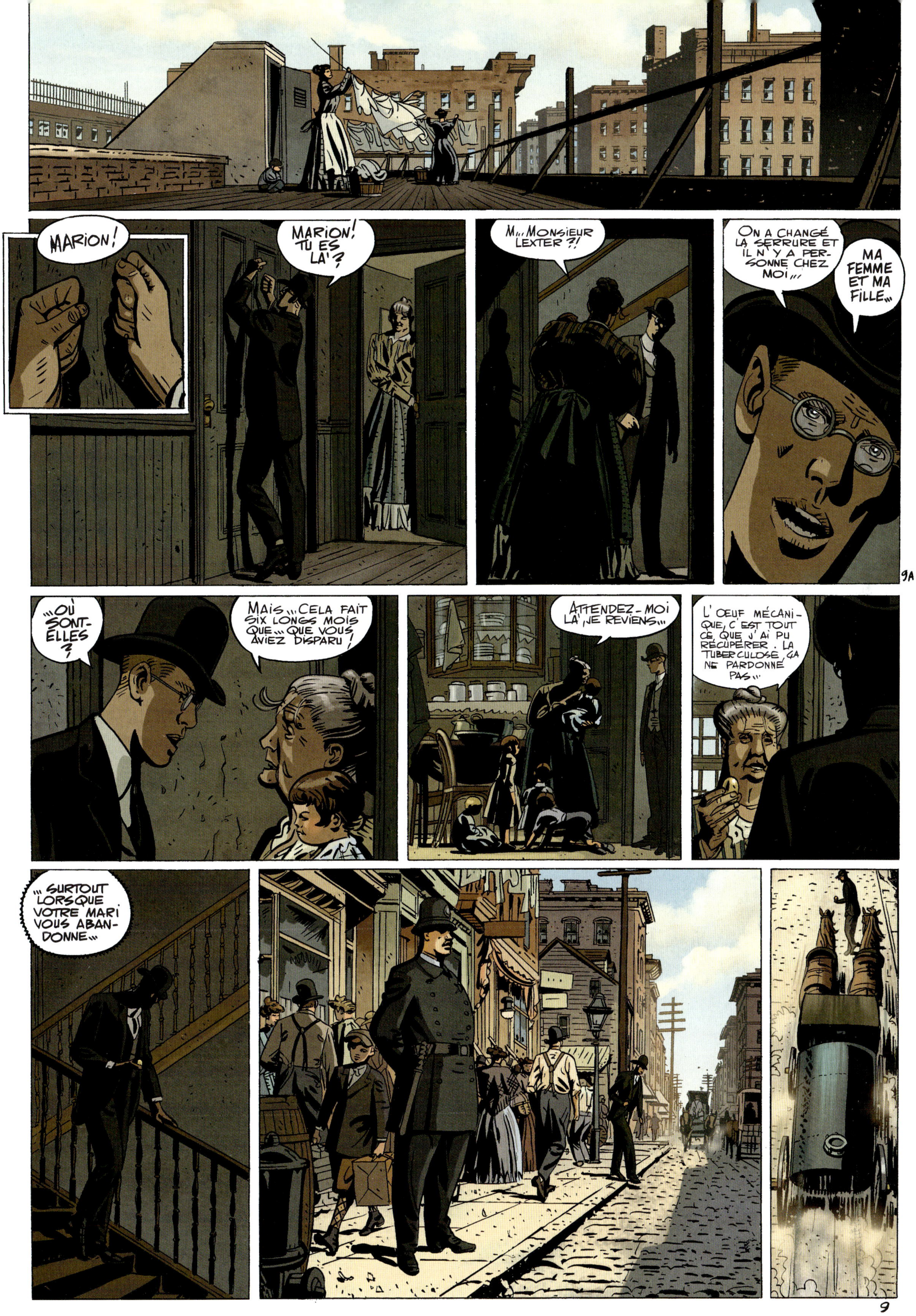
MARION !
MARION ! TU ES LÀ ?
M... MONSIEUR LEXTER ?!
ON A CHANGÉ LA SERRURE ET IL N'Y A PERSONNE CHEZ MOI...
MA FEMME ET MA FILLE...
...OÙ SONT-ELLES ?
MAIS... CELA FAIT SIX LONGS MOIS QUE... QUE VOUS AVIEZ DISPARU !
ATTENDEZ-MOI LÀ, JE REVIENS...
L'OEUF MÉCANIQUE, C'EST TOUT CE QUE J'AI PU RÉCUPÉRER. LA TUBERCULOSE, ÇA NE PARDONNE PAS...
...SURTOUT LORSQUE VOTRE MARI VOUS ABANDONNE...

10A

10

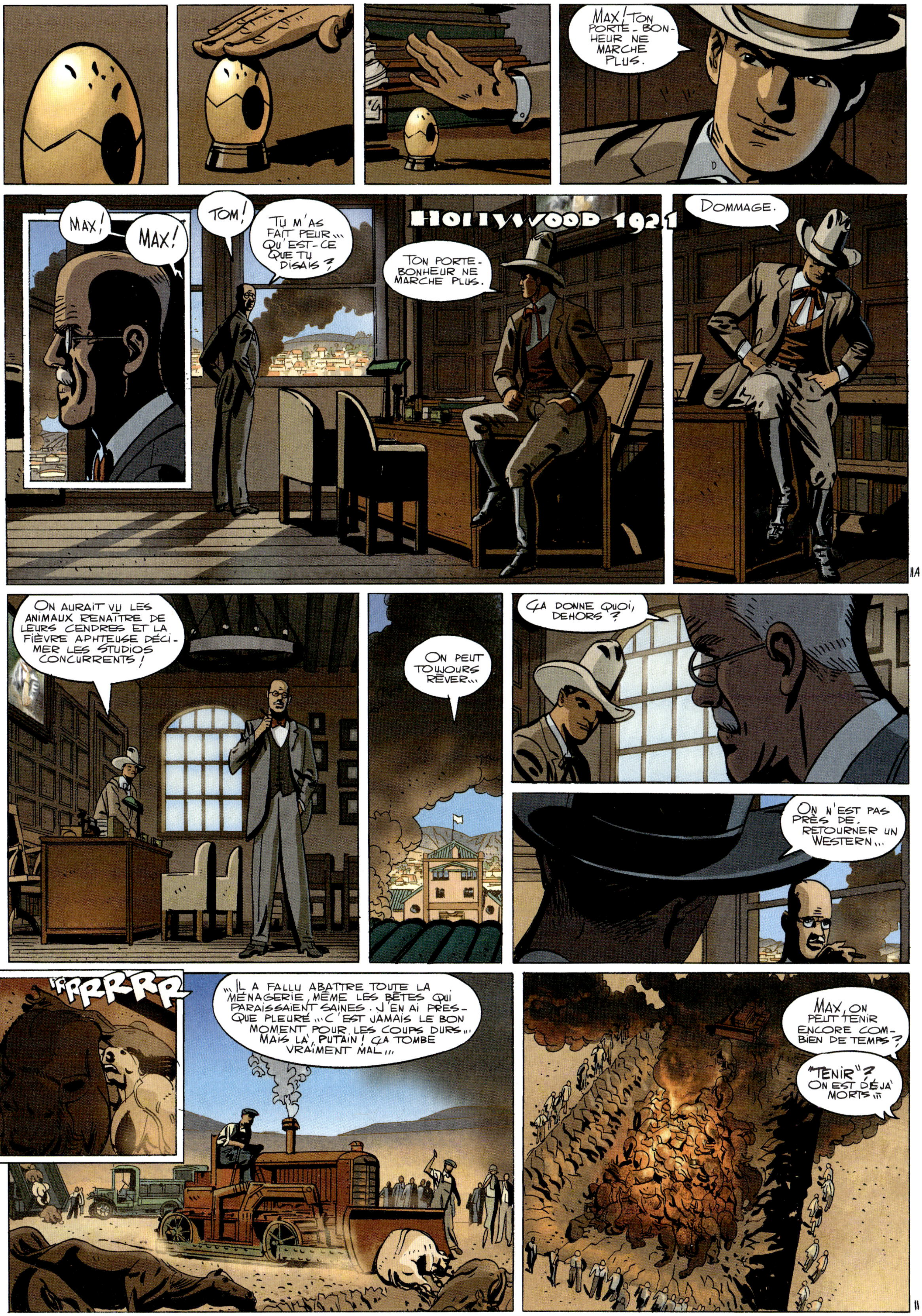

MAX! TON PORTE-BONHEUR NE MARCHE PLUS.
MAX!
MAX!
TOM!
TU M'AS FAIT PEUR... QU'EST-CE QUE TU DISAIS ?
HOLLYWOOD 1921
TON PORTE-BONHEUR NE MARCHE PLUS.
DOMMAGE.
ON AURAIT VU LES ANIMAUX RENAÎTRE DE LEURS CENDRES ET LA FIÈVRE APHTEUSE DÉCIMER LES STUDIOS CONCURRENTS !
ON PEUT TOUJOURS RÊVER...
ÇA DONNE QUOI, DEHORS ?
ON N'EST PAS PRÈS DE RETOURNER UN WESTERN...
FRRRRR
...IL A FALLU ABATTRE TOUTE LA MÉNAGERIE, MÊME LES BÊTES QUI PARAISSAIENT SAINES. J'EN AI PRESQUE PLEURÉ... C'EST JAMAIS LE BON MOMENT POUR LES COUPS DURS... MAIS LÀ, PUTAIN ! ÇA TOMBE VRAIMENT MAL...
MAX, ON PEUT TENIR ENCORE COMBIEN DE TEMPS ?
"TENIR" ? ON EST DÉJÀ MORTS...

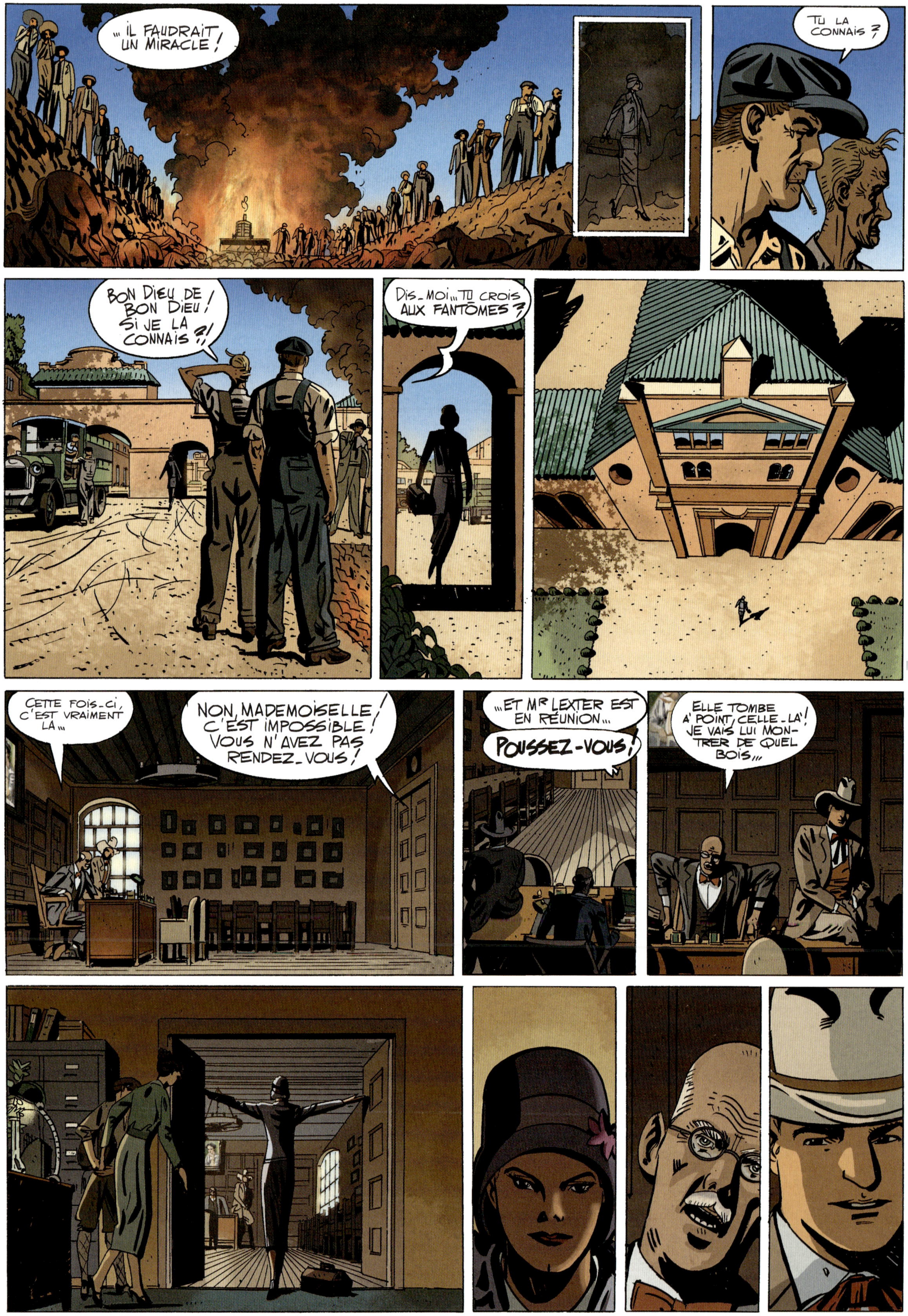
... IL FAUDRAIT UN MIRACLE !
TU LA CONNAIS ?
BON DIEU DE BON DIEU ! SI JE LA CONNAIS ?!
DIS-MOI... TU CROIS AUX FANTÔMES ?
CETTE FOIS-CI, C'EST VRAIMENT LÀ...
NON, MADEMOISELLE ! C'EST IMPOSSIBLE ! VOUS N'AVEZ PAS RENDEZ-VOUS !
... ET Mr LEXTER EST EN RÉUNION...
POUSSEZ-VOUS !
ELLE TOMBE À POINT, CELLE-LÀ ! JE VAIS LUI MONTRER DE QUEL BOIS...
12

The Four
Horsemen
the
13A
SI JE NE ME TROMPE PAS VOUS DEVEZ ÊTRE MAX LEXTER ET VOUS... TOM MIX...
ON NE SE CONNAÎT PAS, MAIS MAMAN M'A LAISSÉ UNE LETTRE AVANT DE MOURIR. ELLE ÉCRIT QUE L'UN DE VOUS DEUX EST MON PÈRE !... MAMAN NE PRÉCISE PAS LEQUEL !...
...PEUT-ÊTRE QU'ELLE L'IGNORAIT !
DÉCIDÉMENT, ELLE ÉTAIT TRÈS BELLE... IL Y A DANS LA MALLETTE LES ÉCONOMIES DE TOUTE UNE VIE... IL Y AUSSI LE SCÉNARIO DE SON DERNIER PROJET DE FILM...
... C'ÉTAIT SES DERNIÈRES VOLONTÉS : SAUVER DE LA FAILLITE LES DEUX HOMMES DE SA VIE.
MA FEMME EST MORTE DANS L'INCENDIE DES STUDIOS, IL Y A PRESQUE VINGT ANS !
VOUS N'ÊTES PAS SA FILLE !
C'EST IMPOSSIBLE !
CETTE RESSEMBLANCE AVEC JANET, C'EST UNE IMPOSTURE ! DE LA CHIRURGIE !
JE NE SAIS PAS QUI VOUS ENVOIE NI POURQUOI, MAIS SORTEZ, MADEMOISELLE !
SORTEZ !
13

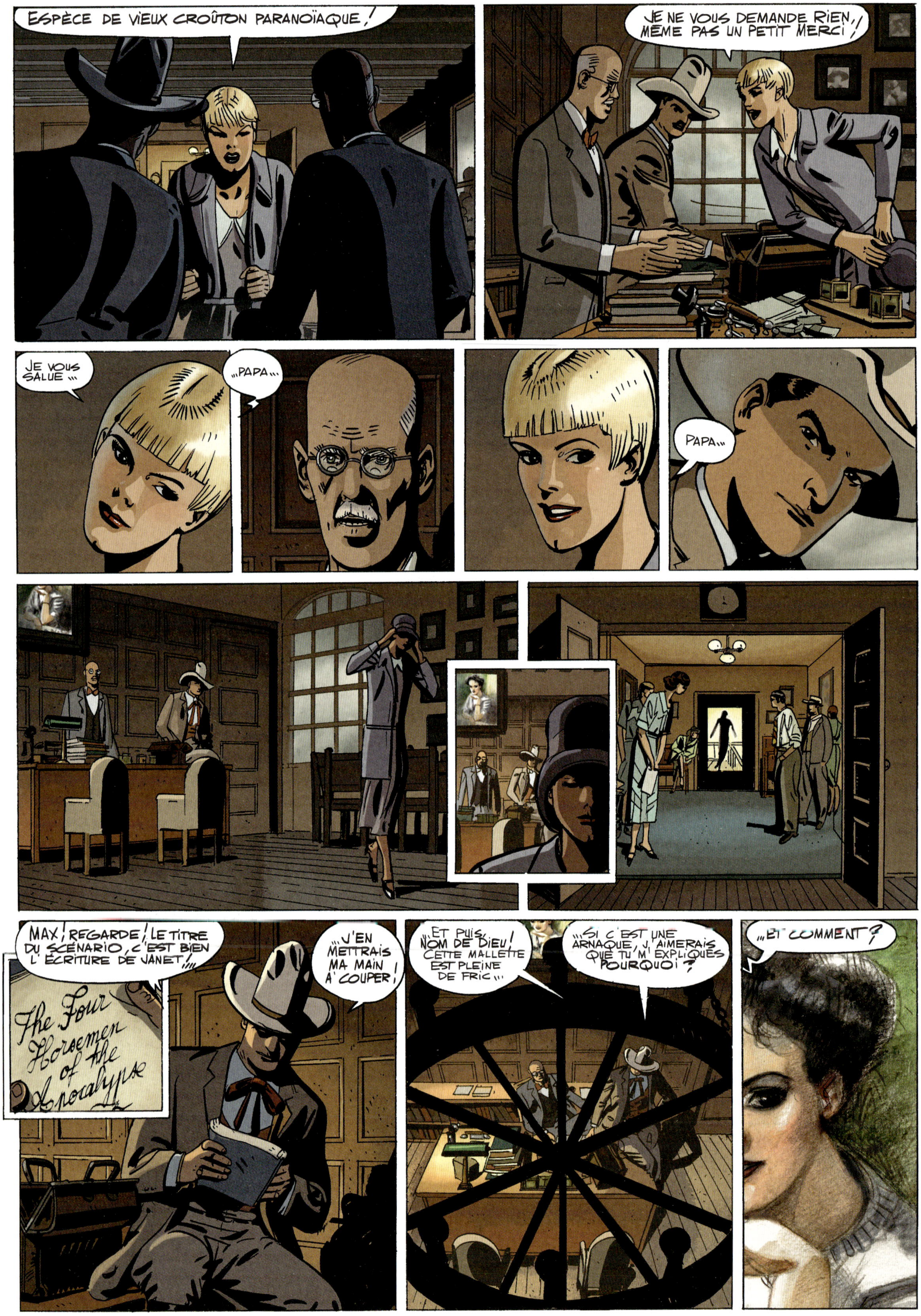
ESPÈCE DE VIEUX CROÛTON PARANOÏAQUE !
JE NE VOUS DEMANDE RIEN, MÊME PAS UN PETIT MERCI !
JE VOUS SALUE ...
...PAPA...
PAPA...
14A
MAX ! REGARDE ! LE TITRE DU SCÉNARIO, C'EST BIEN L'ÉCRITURE DE JANET !...
The Four Horsemen of the Apocalypse
...J'EN METTRAIS MA MAIN À COUPER !
...ET PUIS, NOM DE DIEU ! CETTE MALLETTE EST PLEINE DE FRIC...
...SI C'EST UNE ARNAQUE, J'AIMERAIS QUE TU M'EXPLIQUES POURQUOI ?
...ET COMMENT ?
14

BIEN SÛR QUE NON...
COMMENT PEUX-TU ÊTRE JALOUX DE CES DEUX PIGEONS? TU RESTES LE SEUL ET UNIQUE...
OUI, JE TÉLÉPHONE D'UNE CABINE JUSTE EN BAS. POUR L'INSTANT, ILS ONT JOUÉ LEUR PARTITION À LA PERFECTION. MAX LEXTER M'A MÊME FICHUE DEHORS, COMME PRÉVU...
JE PENSE QU'ILS ONT MORDU À L'HAMEÇON, MAIS IL FAUT LEUR LAISSER LE TEMPS DE DIGÉRER...
TOC TOC
BIEN JOUÉ, MA BELLE... TE VOILÀ AVEC PLUSIEURS PAPAS DÉSORMAIS... TOI AUSSI, T'AS BESOIN D'AMOUR, MA TENDRE GARCE, MON ADORABLE CHIPIE! DE TELLEMENT D'AMOUR QUE TU TE TROMPES TOI-MÊME EN PENSANT AVOIR LES AUTRES...
15A
PREMIÈRE FOIS QU'IL PLEUT À HOLLYWOOD EN CETTE SAISON!
UN MIRACLE, MON CHER TOM!
UN MIRACLE, MON CUL! LE SEUL MIRACLE, CE SONT LES VIVANTS QUI TROUBLENT LE REPOS DES MORTS, ET LES MORTES QUI N'ONT D'AUTRE SOLUTION QUE DE REVENIR VOUS HANTER...
MERDE! JE SUIS POURTANT DÉJÀ MORTE DEUX FOIS! MAIS C'EST PAS FACILE DE FAIRE L'IMPASSE SUR UNE FILLE, UN MARI ET UN AMANT. MÊME SI JE N'AI PLUS D'YEUX POUR VOUS VOIR, JE VOUS DEVINE, MES ADORABLES PETITS CHÉRIS, JE VOUS SENS COMME UNE MÈRE LOUVE RENIFLE SES PETITS!
LE REPOS ÉTERNEL, UNE FOUTAISE! DEPUIS MA MORT, ÇA N'ARRÊTE PAS, TOUT TOURBILLONNE DANS MON PAUVRE CRÂNE... LA HANTISE DU PRÉSENT ET...
...SURTOUT LE PASSÉ...
15

ARRÊTE-TOI, TOM !
ARRÊTE-TOI, BORDEL DE MERDE !
SUFFIT DE DEMANDER GENTIMENT. ET POURQUOI ON S'ARRÊTE ?
LE TYPE PAR TERRE, VA VOIR S'IL EST MORT.
Sister & Brother
16A
VAS-Y TOI-MÊME !
SI UN JOUR T'AS LE NEZ DANS LA POUSSIÈRE, COMPTE SUR MOI POUR T'ÉCRASER !
JANET ! FAIS GAFFE QUAND MÊME...
T'INQUIÈTE, IL EST JUSTE IVRE MORT. IL EMPESTE L'ALCOOL D'ICI !
PAPA... VA... REVENIR BIENTÔT... TIENS, JE L'AI FABRIQUÉ SPÉCIALEMENT POUR TOI...
... POUR TOI, MA PETITE CHÉRIE.
16

PFFFFUUUU
ÇA ALORS ! TOM, TU AS VU CE PRODIGE ?
C'EST MAGIQUE, CE TRUC ! C'EST LUI QUI L'A FABRIQUÉ...
CE POIVROT ? TU RIGOLES ! IL L'A VOLÉ, OUI !
IL ÉTAIT SINCÈRE, SES YEUX NE MENTAIENT PAS ! VIENS M'AIDER, ON L'EMBARQUE !
EH MERDE !
C'EST COMME ÇA QUE TA MÈRE M'A TIRÉ DU RUISSEAU MALGRÉ LES JURONS DE TOM.
UN COEUR D'OR ! JANET ÉTAIT TELLEMENT BELLE, COMME TOI ! MIS À PART LA COULEUR DES CHEVEUX, TU ES SON PORTRAIT CRACHÉ...
MAIS... TU SAIS QU'ON IGNORE JUSQU'À TON NOM ?...
JANE.
ET MOI, J'IGNORE TOUT DE LA JEUNESSE DE MAMAN... ELLE AVAIT CHANGÉ DE VIE, TIRÉ UN TRAIT SUR SON PASSÉ. C'EST UNE LETTRE JOINTE À SON TESTAMENT QUI M'A RÉVÉLÉ VOS EXISTENCES.
MAX, VOUS VOULEZ BIEN CONTINUER VOTRE HISTOIRE ?
J'AVAIS ARRÊTÉ L'ALCOOL ET LA VIE DE SALTIMBANQUE ME PLAISAIT...
OUI, JE REPRENAIS PETIT À PETIT GOÛT À LA VIE GRÂCE À JANET ET TOM... LES "SISTER & BROTHER" SE PRODUISAIENT DE VILLE EN VILLE. TOM FAISAIT DÉJÀ L'ADMIRATION DES BADAUDS AVEC SON ADRESSE AU REVOLVER...
... ET TA MÈRE... ACROBATE ET CONTORSIONNISTE, ATTIRAIT LA FOULE COMME UN AIMANT...

PAW
MOI, SI JE FAISAIS LA MÊME CHOSE À MA FEMME, JE LA RATERAIS PAS !
T'AS RAISON, ÇA LUI APPRENDRAIT À FUMER TES CIGARES !
18A
18

PAW
NOM DE DIEU! DE NOM DE DIEU! C'EST MA TRONCHE QUE T'AS FAILLI TROUER! LE PROCHAIN COUP, CONCENTRE-TOI, BOUGRE D'ANDOUILLE!
19A
LA PAUVRE PETITE! JE PRÉFÈRE PAS VOIR ÇA!
PAW
19

HA! HA! HA! Z'AVEZ VU LEURS TÊTES QUAND J'AI TROUÉ LE CHAPEAU, DE MAX? HO! HO!
GÉNIALE, TON IDÉE, JANET! ILS SONT TELLEMENT SOULAGÉS LORSQUE TOM FAIT ENFIN MOUCHE, QUE C'EST TOUT BÉNÉFICE POUR LA QUÊTE!
LE PUBLIC AIME LES ÉMOTIONS FORTES, SUFFIT DE LEUR EN DONNER POUR LEUR ARGENT.
Sister & Brothe
BON, DEMAIN, ON A UNE TROTTE AVANT D'ARRIVER À PITTSBURGH. ON A TOUJOURS CASSÉ LA BARAQUE, LÀ-BAS!
BONNE NUIT, LES GARS.
ZOA
CE PASSAGE-LÀ, MA FILLE, MA PETITE JANE CHÉRIE, NI TOM NI MAX N'OSERONT JAMAIS T'EN PARLER... POURTANT C'EST IMPORTANT, LA LIBIDO D'UNE MORTE. LES BONS SOUVENIRS...
...LE SONT TOUJOURS...
QU'EST-CE QUE TU FAIS?
CHUUUUUUT!
JANET! IL Y A MAX QUI...
T'INQUIÈTE, JE L'AI ENTENDU RONFLER...
DEPUIS QUELQUES TEMPS DÉJÀ, TOM ET MOI, ON AVAIT ARRÊTÉ DE JOUER AU PETIT FRÈRE ET À LA GRANDE SOEUR. L'ARRIVÉE DE MAX AVAIT JUSTE UN PEU PERTURBÉ NOS ÉBATS ET L'ON AVAIT DU RETARD À RATTRAPER...
CE SOIR-LÀ, JE SAVAIS QUE MAX NE DORMAIT PAS. ÇA M'EXCITAIT MÊME DE SAVOIR QU'IL NOUS ENTENDAIT, QU'IL SERAIT LE TÉMOIN PRIVILÉGIÉ DE NOS AMOURS...
20

POUR LE SPECTACLE, MESSIEURS-DAMES...
...POUR LE SPECTACLE...
IL N'Y AVAIT PAS FOULE AUJOURD'HUI, JE NE COMPRENDS PAS... ILS ONT ÉTÉ GÉNÉREUX AU MOINS ?
UNE MISÈRE.
À CROIRE QU'ON N'INTÉRESSE PLUS PERSONNE DANS CETTE VILLE.
J'AI DEMANDÉ À UN TYPE OÙ L'ON POUVAIT SE DIVERTIR À PITTSBURGH...
ET ALORS ?
AU PENNY ARCADE, À DEUX RUES D'ICI...
'PARAÎT QU'ILS ONT DE NOUVELLES MACHINES INCROYABLES !
PENNY ARCADE
ADMISSION 5¢
MAX, LES MACHINES, ÇA TE CONNAÎT...
TU VAS VOIR ?

QU'EST-CE QU'IL FOUT ?
22A
VLAM
REVIENS JAMAIS FOUTRE LE BORDEL ICI !
ÇA VA ?
...TU VEUX QUE JE M'OC-CUPE DE CE PACHYDERME ?
LAISSE TOMBER...
22

QU'EST-CE QUI S'EST PASSÉ ?
J'AI VU DES RANGÉES ENTIÈRES DE KINÉTOSCOPES. MON KINÉTOSCOPE ! IL S'EST CONTENTÉ DE LE COUPLER AVEC SON PHONOGRAPHE. ON Y VOIT UNE DANSEUSE QUI S'AGITE SUR UNE VAGUE MUSIQUE... SANS AUCUNE SYNCHRONISATION !
JE VAIS LE TUER.
TU VAS TUER QUI ?
CELUI DONT LE NOM S'AFFICHE EN TOUTES LETTRES SUR CHAQUE KINÉTOSCOPE !
EDISON !
JE VAIS TUER CE FILS DE PUTE !
C'EST TOI QUI VAS TE FAIRE TUER, IMBÉCILE ! ESSAYE JUSTE DE L'APPROCHER ET T'ES UN HOMME MORT !
MAX, CE TYPE EST TROP PUISSANT... MAIS TU PEUX LE CONTRER À TA MANIÈRE...
UTILISE TON CERVEAU !
...CE QUE TU AS DÉJÀ INVENTÉ, TU PEUX LE REFAIRE, ET EN MIEUX !! ET PUIS, N'OUBLIE PAS, MALGRÉ SON ARMÉE, IL EST SEUL. NOUS, NOUS SOMMES TROIS !
23

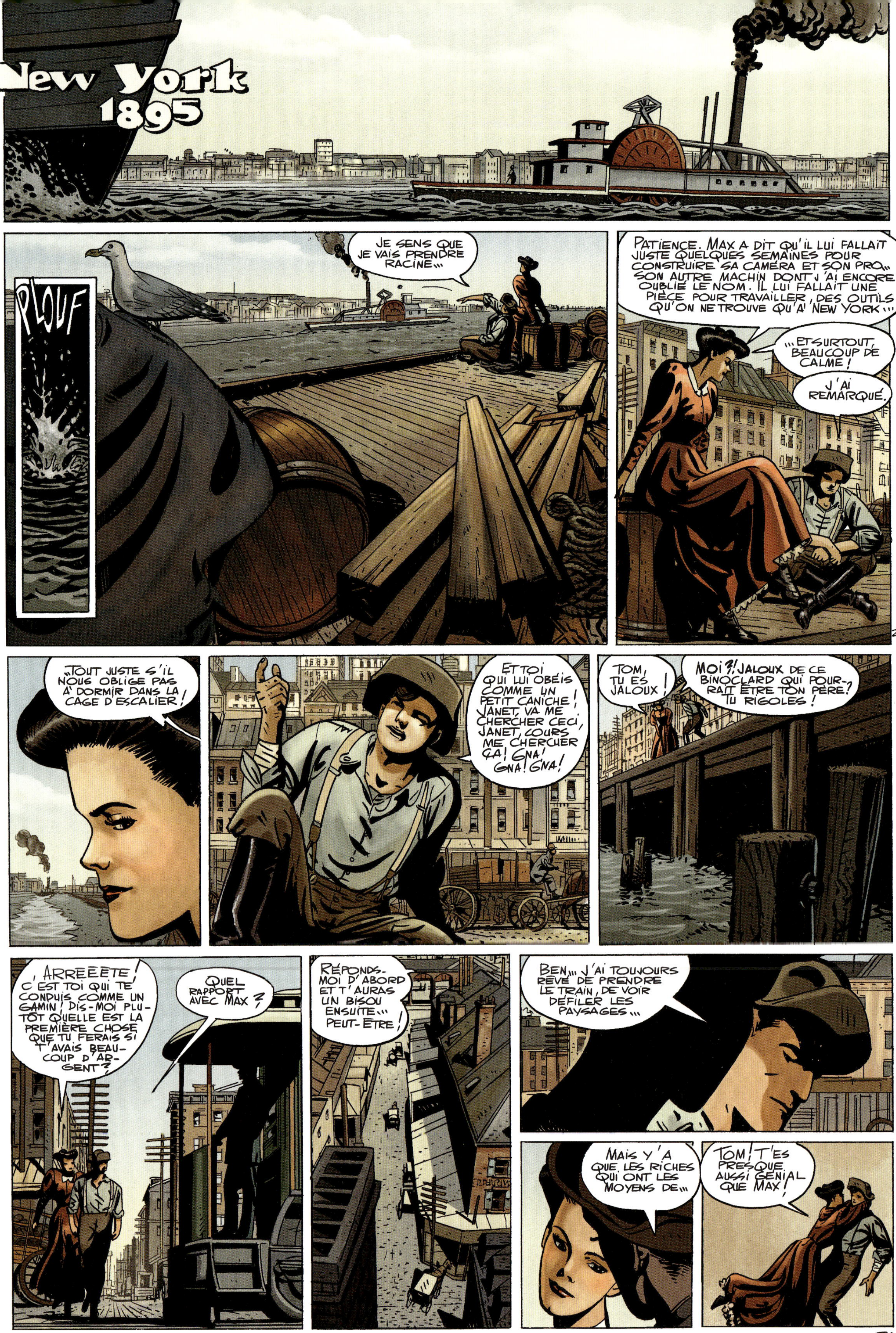
New York 1895
PLOUF
JE SENS QUE JE VAIS PRENDRE RACINE...
PATIENCE. MAX A DIT QU'IL LUI FALLAIT JUSTE QUELQUES SEMAINES POUR CONSTRUIRE SA CAMÉRA ET SON PRO... SON AUTRE MACHIN DONT J'AI ENCORE OUBLIÉ LE NOM. IL LUI FALLAIT UNE PIÈCE POUR TRAVAILLER, DES OUTILS QU'ON NE TROUVE QU'À NEW YORK...
...ET SURTOUT, BEAUCOUP DE CALME !
J'AI REMARQUÉ.
24A
...TOUT JUSTE S'IL NOUS OBLIGE PAS À DORMIR DANS LA CAGE D'ESCALIER !
ET TOI QUI LUI OBÉIS COMME UN PETIT CANICHE ! JANET, VA ME CHERCHER CECI, JANET, COURS ME CHERCHER ÇA ! GNA ! GNA ! GNA !
TOM, TU ES JALOUX !
MOI ?! JALOUX DE CE BINOCLARD QUI POURRAIT ÊTRE TON PÈRE ? TU RIGOLES !
...ARREEETE ! C'EST TOI QUI TE CONDUIS COMME UN GAMIN ! DIS-MOI PLUTÔT QUELLE EST LA PREMIÈRE CHOSE QUE TU FERAIS SI T'AVAIS BEAUCOUP D'ARGENT ?
QUEL RAPPORT AVEC MAX ?
RÉPONDS-MOI D'ABORD ET T'AURAS UN BISOU ENSUITE... PEUT-ÊTRE !
BEN... J'AI TOUJOURS RÊVÉ DE PRENDRE LE TRAIN, DE VOIR DÉFILER LES PAYSAGES...
MAIS Y'A QUE LES RICHES QUI ONT LES MOYENS DE...
TOM ! T'ES PRESQUE AUSSI GÉNIAL QUE MAX !
24

856
25A
ON N'AURAIT JAMAIS DÛ LA LAISSER FAIRE, C'EST TROP DANGEREUX !
T'ES MARRANT !
T'AS BIEN VU, À PARTIR DU MOMENT OÙ ELLE A REGARDÉ DANS LA CAMÉRA, C'EST DEVENU SA CHOSE !...
IMPOSSIBLE DE LUI FAIRE LÂCHER LA MANIVELLE...
3749
...ELLE AURAIT TUÉ PÈRE ET MÈRE PLUTÔT QUE DE CÉDER SA PLACE.
25

LA VOILÀ !
JANEETTTTTTTT
QU'EST-CE QU'ELLE FAIT ?
ELLE EST DEVENUE FOLLE !
JANNNEEETTT !
26A
WWHIIIII
TIRE-TOI DE LÀ, NOM DE DIEU !
ELLE VA SE FAIRE ÉCRASER !
WWWW
WWWWWHIIIIIWWHIIII
26

TU LA VOIS ?
27
JE SUIS LÀ !
VOUS INQUIÉTEZ PAS ! LA CAMÉRA N'A RIEN !
BON DIEU ! J'AI CRU QUE T'ÉTAIS PASSÉE DESSOUS !
NOUS REFAIS JAMAIS ÇA... OU JE... JE FAIS UNE CRISE CARDIAQUE !
27A
ARRÊTEZ DE FAIRE LA GUEULE, LES GARÇONS !
...CES IMAGES DU TRAIN QUI FONCE DROIT SUR NOUS, IL ME LES FALLAIT À TOUT PRIX... ON NE VA PAS SE CONTENTER DE PROJETER DES PAYSAGES QUI DÉFILENT...
...ON VA TOUS LES EMMENER FAIRE UN BEAU VOYAGE !
...ET SI VOUS ÊTES BIEN GENTILS, JE VAIS VOUS EXPLIQUER COMMENT !
27

28A
FAUT QU'ILS EN AIENT POUR LEUR CINQ CENTS !
VAS-Y, MAX ! SECOUE BIEN FORT ! ILS VONT PAS TARDER À SORTIR...
AAAHHAAAAAAHHHHHHH
856
28

O SHOW LIKE THIS
ATOGRAPH
Best travel tour
¢ ONLY
ÇA FOUT VRAIMENT LA FROUSSE ?
WAH, HA, HA ! FAILLI FAIRE DANS MON FROC, OUI ! MAIS BON DIEU, JE SUIS PRÊT À Y RETOURNER !
T'AS VU TOUT CE MONDE ! LES CHAISES QU'ON A LOUÉES AU CROQUE-MORT, ON A PROMIS DE LUI RENDRE CET APRÈS-MIDI...
...IL A UN ENTERREMENT.
T'INQUIÈTE, LE MORT ATTENDRA...
REGARDE, LE CROQUE-MORT ET LA FAMILLE DU MORT EN HABIT DE DEUIL. ILS FONT LA QUEUE COMME TOUT LE MONDE...
29A
LAADIIIIEES AND GENTLEMEEEN !
VOUS QUI AVEZ TOUJOURS RÊVÉ DE PRENDRE LE TRAIN, DE VOYAGER EN « FIRST CLASS »...
VENEZ RÉALISER VOTRE RÊVE LE PLUS FOU !
LA GRANDE AVENTURE POUR UNE SOMME DÉRISOIRE, UNE PETITE PIÈCE DE CINQ CENTS SEULEMENT !
C'EST UN VOYAGE MAGIQUE QUE VOUS ALLEZ FAIRE !... GRÂCE AU CINÉMATOGRAPHE, CE TOUT NOUVEAU PROCÉDÉ SCIENTIFIQUE INVENTÉ PAR MAX LEXTER QUE VOICI...
OUIIII ! VOUS POUVEZ L'APPLAUDIR ! IL EST ENCORE PLUS SAVANT ET BEAUCOUP PLUS FORT QU'EDISON ! MÊME À NEW YORK, VOUS NE VERREZ JAMAIS UN SPECTACLE AUSSI MIRIFIQUE, AUSSI EXTRA-ORDINAIRE !
VENEZ DÉCOUVRIR LES IMAGES S'ANIMER ET LES PAYSAGES DÉFILER DE MANIÈRE ENCORE PLUS SPECTACULAIRE QUE SI VOUS PRENIEZ LE TRAIN POUR DE BON ! LE TOUT POUR CINQ PETITS CENTS SEULEMENT !
ATTENTION ! TOUS LES VOYAGEURS EN VOITUUUUREEEE !
29

TA MÈRE, C'ÉTAIT UNE BOULE D'ÉNERGIE, NOTRE SOLEIL, À TOM ET À MOI. ON SE CONTENTAIT DE GRAVITER AUTOUR ET LA VIE ÉTAIT BELLE !
ON SUCCOMBAIT TOUS À SON CHARME !
BON DIEU ! SI TU AVAIS PU LA VOIR LORSQU'ELLE HARANGUAIT LA FOULE...
LE MONDE ENTIER ÉTAIT SUSPENDU À SES LÈVRES...
CET ARGENT, SON ARGENT ET CE SCRIPT SEMBLENT TOMBER DU CIEL POUR SAUVER LES STUDIOS C.L.M. !
NOUS ALLONS L'ACCEPTER À UNE CONDITION...
TU AS RAISON, MAX...
...NOUS N'ACCEPTERONS QUE SI TU OCCUPES LA PLACE QUI TE REVIENT DE DROIT. EN DISPARAISSANT, TA MÈRE A LAISSÉ UN VIDE ABYSSAL...
LE "C" DES STUDIOS C.L.M. ÉTAIT CELUI DE JANET CANNARY...
...CE SERA DÉSORMAIS LE TIEN : JANE CANNARY !
D'ACCORD.
...À UNE CONDITION...
JE NE VEUX PAS ME CONTENTER D'UN RÔLE SYMBOLIQUE... JE DÉSIRE M'INVESTIR À FOND DANS LA GESTION DES STUDIOS...
...ET PUISQUE C'EST L'ARGENT DE MAMAN...
...JE VEUX VOTRE CONFIANCE ET TOUTE LIBERTÉ POUR PRODUIRE LE FILM QU'ELLE A ÉCRIT :
"THE FOUR HORSEMEN OF THE APOCALYPSE" !

Dès ce soir, on organise une grande fête et on la présente au tout Hollywood. On va la faire briller devant le gratin de la profession.
Ma fille est un diamant !
Pourquoi dis-tu MA fille ? Elle est blonde... et alors ? Ma mère était aussi blonde qu'elle !
Après tout, peu importe qui est le père ! Tom, nous avons enfin retrouvé notre MUSE !
HA ! HA ! HA ! Ça n'empêche rien, je suis sûr que c'est ma fille ! HA ! HA ! HA !
Moi aussi ! WAAAH ! HA ! HA HA !
NO SHOW LIKE THIS
CINEMATOGRAPH
The Best Travel Tour
Chicago 1895
Je suis allée jeter un oeil au Penny-Arcade de la ville, y a pas un chat. Tous les kinétoscopes d'Edison sont libres !
Tant mieux !
On va rester à Chicago autant de jours qu'il faudra, jusqu'à ce qu'il fasse faillite !
...On fera pareil dans les autres villes...
...On va ruiner un à un tous ses Penny-Arcades !

PAW PAW
AU SECOURS !
AU FEU !
PAW
PAW
ÇA TIRE, LÀ-DEDANS !
NO SHOW LIKE
CINEMATOGRA
The Best travel to
5¢ ONLY
TOM ? TU L'AS VU SORTIR ?

IL FAUT LE TIRER DE CETTE FOURNAISE ! J'Y VAIS !
NON ! MOI !
33A
QU'EST-CE QUI S'EST PASSÉ ?
ON M'A... TIRÉ DESSUS... LE PROJECTEUR A PRIS FEU EN TOMBANT...
J'AI DESCENDU LE TUEUR, TU CROIS... LE PUBLIC A PU SORTIR À TEMPS ?
BON DIEU ! JE DOIS UNE FIÈRE CHANDELLE À MAX !...
À PART TON TUEUR, TOUT LE MONDE EST SAIN ET SAUF...
33

ÇA DEVIENT BEAUCOUP TROP RISQUÉ...
C'EST UN TUEUR COMMANDITÉ PAR EDISON QUI T'A TIRÉ DESSUS ! AVEC LE CINÉMATOGRAPHE, ON LUI FAIT DE L'OMBRE... ON MENACE SA SUPRÉMATIE SUR L'IMAGE ANIMÉE. LE GRAND HOMME DÉTESTE QU'ON LUI RÉSISTE, ET SURTOUT QU'ON LUI FASSE PERDRE DE L'ARGENT.
DÉSORMAIS, IL NE NOUS LÂCHERA PLUS... JE REFUSE D'ÊTRE RESPONSABLE D'UN NOUVEAU DRAME...
... COMME POUR MA FEMME ET MA FILLE...
... JE REFUSE DE REVIVRE ÇA... ON ARRÊTE TOUT.
34A
ADIEU.
MADEMOISELLE, ATTENDEZ !
WESLEY'S
INN
34

UNE BOUTEILLE.
LE VERRE SERA INUTILE, MERCI.
PAW
35A
DÉSOLÉ, MAX ! MAIS TU NOUS AS ENTERRÉS UN PEU VITE !
MAX ! COMME LE MONDE EST PETIT ! C'EST BON DE RETROUVER UN VIEIL AMI PERDU PENDANT DE SI LONGUES MINUTES !
DES RETROUVAILLES, ÇA SE FÊTE ! J'OFFRE UNE TOURNÉE GÉNÉRALE.
BIÈRE POUR TOUT LE MONDE !
DE LA PABST !
MONSIEUR NOUS A FAIT UNE PROPOSITION TRÈS INTÉRESSANTE...
OUI... J'ÉTAIS PRÉSENT PENDANT VOTRE SPECTACLE, ET MALGRÉ CE DÉPLORABLE INCIDENT JE SUIS ENTHOUSIASTE !
J'AI PENSÉ À VOTRE PROCÉDÉ, LE CINÉMATOGRAPHE, ET - VOUS PERMETTEZ - LA FABULEUSE BIÈRE PABST !
MA BIÈRE !
35

JANET ET TOM M'AVAIENT SAUVÉ UNE NOUVELLE FOIS DE MES VIEUX DÉMONS... LA SUITE, UN AUTRE JOUR...
...NOUS SOMMES ARRIVÉS...
J'AI INVITÉ TOUT HOLLYWOOD. ILS FRÉMISSENT D'IMPATIENCE DE TE RENCONTRER.
36A
LES FEMMES VONT TE HAÏR, ET LES HOMMES FRÉTILLER DE LA QUEUE...
MÉFIE-TOI, JANE !
VOYONS, TOM !
PAW PAW
UNE SALVE D'HONNEUR POUR LA NOUVELLE MUSE DES STUDIOS C.L.M. ! JANE CANNARY, MAX LEXTER ET VOTRE HUMBLE SERVITEUR, TOM MIX ! LE TRIO EST DE NOUVEAU COMPLET POUR RÉALISER LE PLUS GRAND FILM PRODUIT À HOLLYWOOD : "THE FOUR HORSEMEN OF THE APOCALYPSE" !
POUR LES QUESTIONS, ADRESSEZ-VOUS DIRECTEMENT À JANE... CE SERA SON FILM, ET, AVIS AUX SÉDUCTEURS DE TOUT POIL, NOTRE MUSE CHERCHE ENCORE UN ACTEUR POUR LE RÔLE PRINCIPAL...
36

DU CALME, MA CHÉRIE, JE... C'EST INCROYABLE! JE ME SENS DÉJÀ BEAUCOUP MIEUX!
C'EST VRAI, C'EST MIRACULEUX!
LA DOULEUR A DISPARU, TOTALEMENT DISPARU!
REGARDEZ! JE MARCHE SANS AUCUN PROBLÈME!
DOCTEUR, JE NE SAIS COMMENT VOUS REMERCIER...
HI! HI! HI! ARRÊTEZ! Z'ALLEZ ME FAIRE ROUGIR COMME UNE PUCELLE ÉNAMOURÉE! C'EST MAM'ZELLE JANE QU'IL FAUT CONGRATULER!
FAUT QUE JE VOUS LAISSE, J'AI D'AUTRES PATIENTS SUR LE FEU.
DE LA PART DE FRANKIE...
ON S'OCCUPE DE TOUS TES POTES "MOVIES" DE LA SOIRÉE. CE SOIR, ILS PICOLENT GRATIS.
APRÈS, FAUDRA FAIRE SONNER LE TIROIR-CAISSE!
ENCORE MERCI, DOCTEUR.
RAVI D'AVOIR FAIT VOTRE CONNAISSANCE, JANE. ET MERCI, GRÂCE À VOUS, JE RESSUSCITE! JE VAIS FAIRE UN PETIT TOUR À CÔTÉ, HISTOIRE DE MONTRER À CERTAINS QUE JE SUIS IRREMPLAÇABLE...
TU VIENS, CHÉRIE?
JE VOUS RACCOMPAGNE...

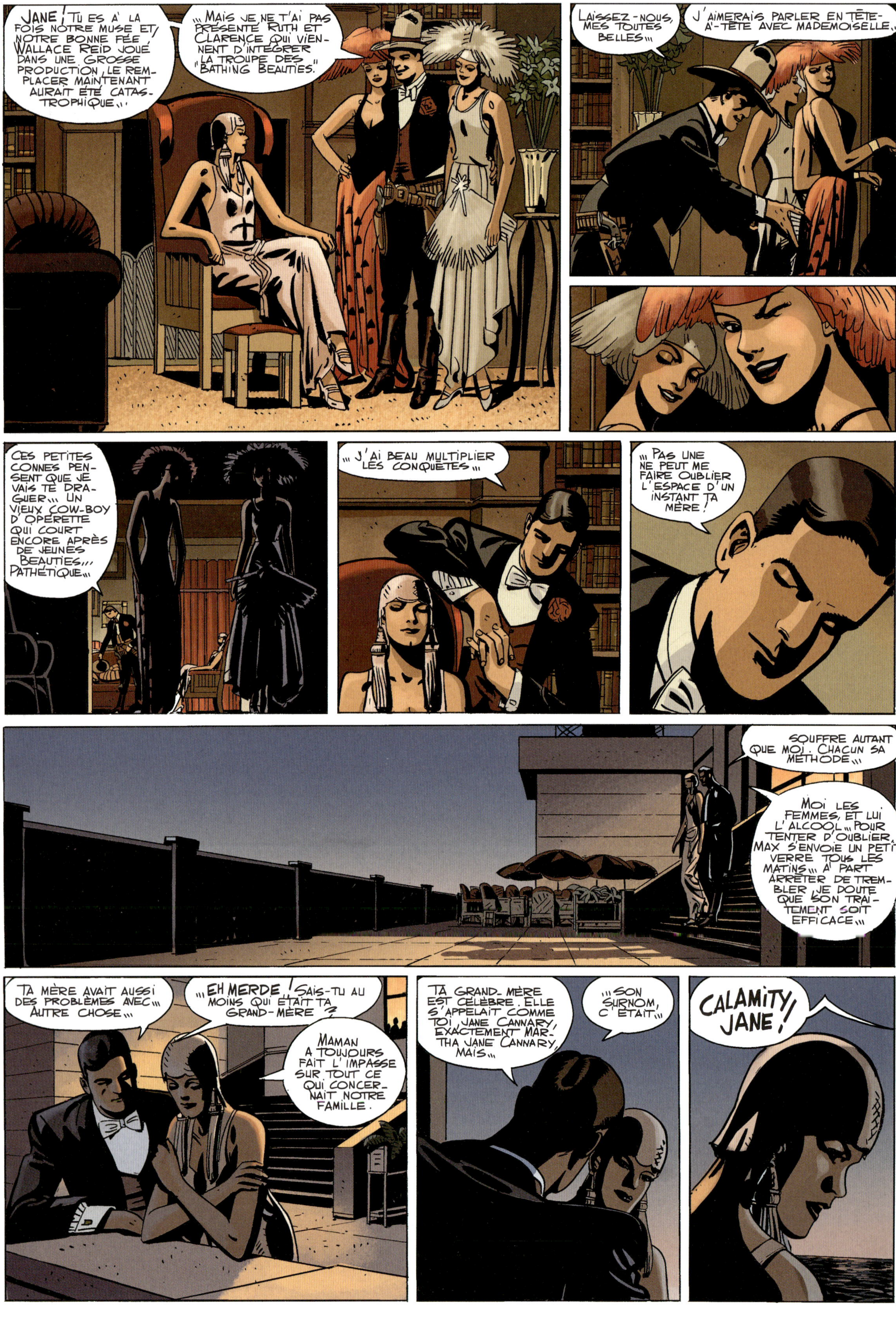
JANE ! TU ES À LA FOIS NOTRE MUSE ET NOTRE BONNE FÉE ! WALLACE REID JOUÉ DANS UNE GROSSE PRODUCTION, LE REMPLACER MAINTENANT AURAIT ÉTÉ CATASTROPHIQUE...
... MAIS JE NE T'AI PAS PRÉSENTÉ RUTH ET CLARENCE QUI VIENNENT D'INTÉGRER LA TROUPE DES "BATHING BEAUTIES."
LAISSEZ-NOUS, MES TOUTES BELLES...
J'AIMERAIS PARLER EN TÊTE-À-TÊTE AVEC MADEMOISELLE...
CES PETITES CONNES PENSENT QUE JE VAIS TE DRAGUER... UN VIEUX COW-BOY D'OPÉRETTE QUI COURT ENCORE APRÈS DE JEUNES BEAUTIES... PATHÉTIQUE...
... J'AI BEAU MULTIPLIER LES CONQUÊTES...
... PAS UNE NE PEUT ME FAIRE OUBLIER L'ESPACE D'UN INSTANT TA MÈRE !
10A
SOUFFRE AUTANT QUE MOI. CHACUN SA MÉTHODE...
MOI LES FEMMES, ET LUI L'ALCOOL... POUR TENTER D'OUBLIER. MAX S'ENVOIE UN PETIT VERRE TOUS LES MATINS... À PART ARRÊTER DE TREMBLER JE DOUTE QUE SON TRAITEMENT SOIT EFFICACE...
TA MÈRE AVAIT AUSSI DES PROBLÈMES AVEC... AUTRE CHOSE...
... EH MERDE ! SAIS-TU AU MOINS QUI ÉTAIT TA GRAND-MÈRE ?
MAMAN A TOUJOURS FAIT L'IMPASSE SUR TOUT CE QUI CONCERNAIT NOTRE FAMILLE.
TA GRAND-MÈRE EST CÉLÈBRE. ELLE S'APPELAIT COMME TOI, JANE CANNARY, EXACTEMENT MARTHA JANE CANNARY, MAIS...
... SON SURNOM, C'ÉTAIT...
CALAMITY JANE !
40

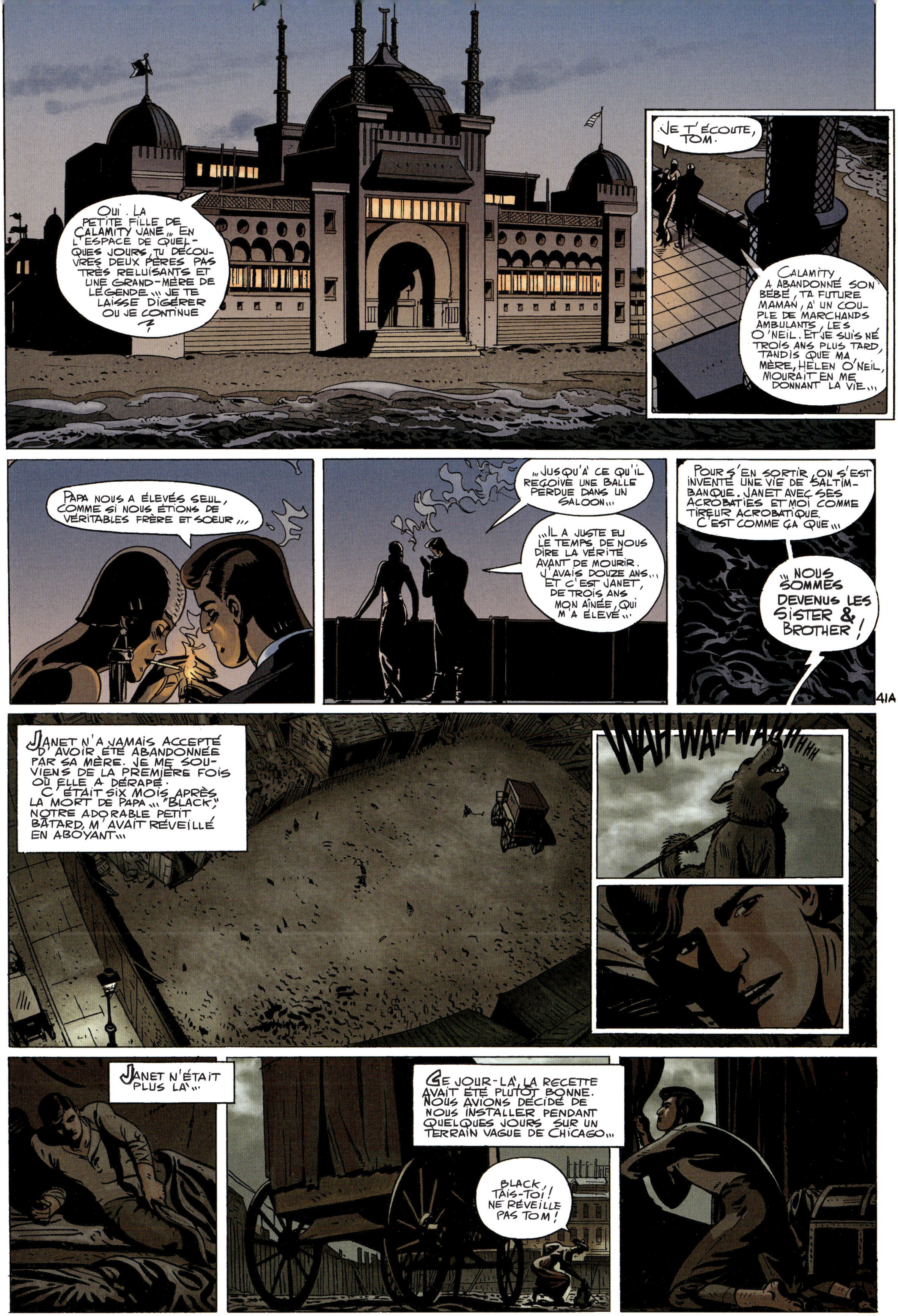
OUI. LA PETITE FILLE DE CALAMITY JANE... EN L'ESPACE DE QUELQUES JOURS, TU DÉCOUVRES DEUX PÈRES PAS TRÈS RELUISANTS ET UNE GRAND-MÈRE DE LÉGENDE... JE TE LAISSE DIGÉRER OU JE CONTINUE ?
JE T'ÉCOUTE, TOM.
CALAMITY A ABANDONNÉ SON BÉBÉ, TA FUTURE MAMAN, À UN COUPLE DE MARCHANDS AMBULANTS, LES O'NEIL. ET JE SUIS NÉ TROIS ANS PLUS TARD, TANDIS QUE MA MÈRE, HELEN O'NEIL, MOURAIT EN ME DONNANT LA VIE...
PAPA NOUS A ÉLEVÉS SEUL, COMME SI NOUS ÉTIONS DE VÉRITABLES FRÈRE ET SOEUR...
...JUSQU'À CE QU'IL REÇOIVE UNE BALLE PERDUE DANS UN SALOON...
...IL A JUSTE EU LE TEMPS DE NOUS DIRE LA VÉRITÉ AVANT DE MOURIR. J'AVAIS DOUZE ANS... ET C'EST JANET, DE TROIS ANS MON AÎNÉE, QUI M'A ÉLEVÉ...
POUR S'EN SORTIR, ON S'EST INVENTÉ UNE VIE DE SALTIMBANQUE. JANET AVEC SES ACROBATIES ET MOI COMME TIREUR ACROBATIQUE. C'EST COMME ÇA QUE...
...NOUS SOMMES DEVENUS LES SISTER & BROTHER !
41A
JANET N'A JAMAIS ACCEPTÉ D'AVOIR ÉTÉ ABANDONNÉE PAR SA MÈRE. JE ME SOUVIENS DE LA PREMIÈRE FOIS OÙ ELLE A DÉRAPÉ. C'ÉTAIT SIX MOIS APRÈS LA MORT DE PAPA... "BLACK", NOTRE ADORABLE PETIT BÂTARD, M'AVAIT RÉVEILLÉ EN ABOYANT...
WAH WAH WAHHHH
JANET N'ÉTAIT PLUS LÀ...
CE JOUR-LÀ, LA RECETTE AVAIT ÉTÉ PLUTÔT BONNE. NOUS AVIONS DÉCIDÉ DE NOUS INSTALLER PENDANT QUELQUES JOURS SUR UN TERRAIN VAGUE DE CHICAGO...
BLACK, TAIS-TOI ! NE RÉVEILLE PAS TOM !
41

CHINATOWN...
QU'EST-CE QU'ELLE VIENT FAIRE ICI ?
EH MERDE ! J'Y VAIS.
42

Hi! Hi!
Hi!
PAS BON.
Hi! Hi! Hi!
PAS BON
POUR PETIT
BLANC!
43A
43

EH BIEN, MA GRANDE...
T'ES MAL BARRÉE...
...ENTRE UNE GRAND-MÈRE PROSTITUÉE ET ALCOOLIQUE ET UNE MÈRE ACCRO À L'OPIUM...
LES CHIENNES NE FONT PAS DES CHATS !
À LA BONNE HEURE...
JE CRAIGNAIS DE NE PLUS VOUS REVOIR...

44A

4A

C'EST LA BARBE ICI !
VENEZ !
ALLONS VOIR LA MER.
DENNIS, TU M'AS L'AIR D'UN GARÇON BIEN. C'EST MARRANT, MAIS... DÈS QUE JE T'AI VU... J'AI SENTI QU'ON ÉTAIT FAITS L'UN POUR L'AUTRE...
...EST-CE QUE TU CROIS AU COUP DE FOUDRE ?
45A
SI TU ME FAISAIS UN ENFANT ?
LÀ ! MAIN-TENANT !
UN... UN ENFANT ?
TU NE M'AIMES PAS VRAIMENT, DENNIS...
TOUT CE QUE TU VEUX, C'EST LE RÔLE PRINCIPAL DANS MON FILM...
PUISQUE C'EST ÇA, JE PRÉFÈRE...
45

MOURRRIIIIIIR !
JANE !
JANE ! ARRÊTEZ ! HA HA ! C'EST MÊME PAS DRÔLE !
46A
CETTE FILLE EST COMPLÈTEMENT FRAPPADINGUE !
JAANNNNNNNE !
46

JANE!
JANE!
HA! HA! HA!
HA! HA! HA! DENNIS! HA! MON GROS NIGAUD!
SALE PETIT CHAMEAU!
FLASHHHHH
47A
47

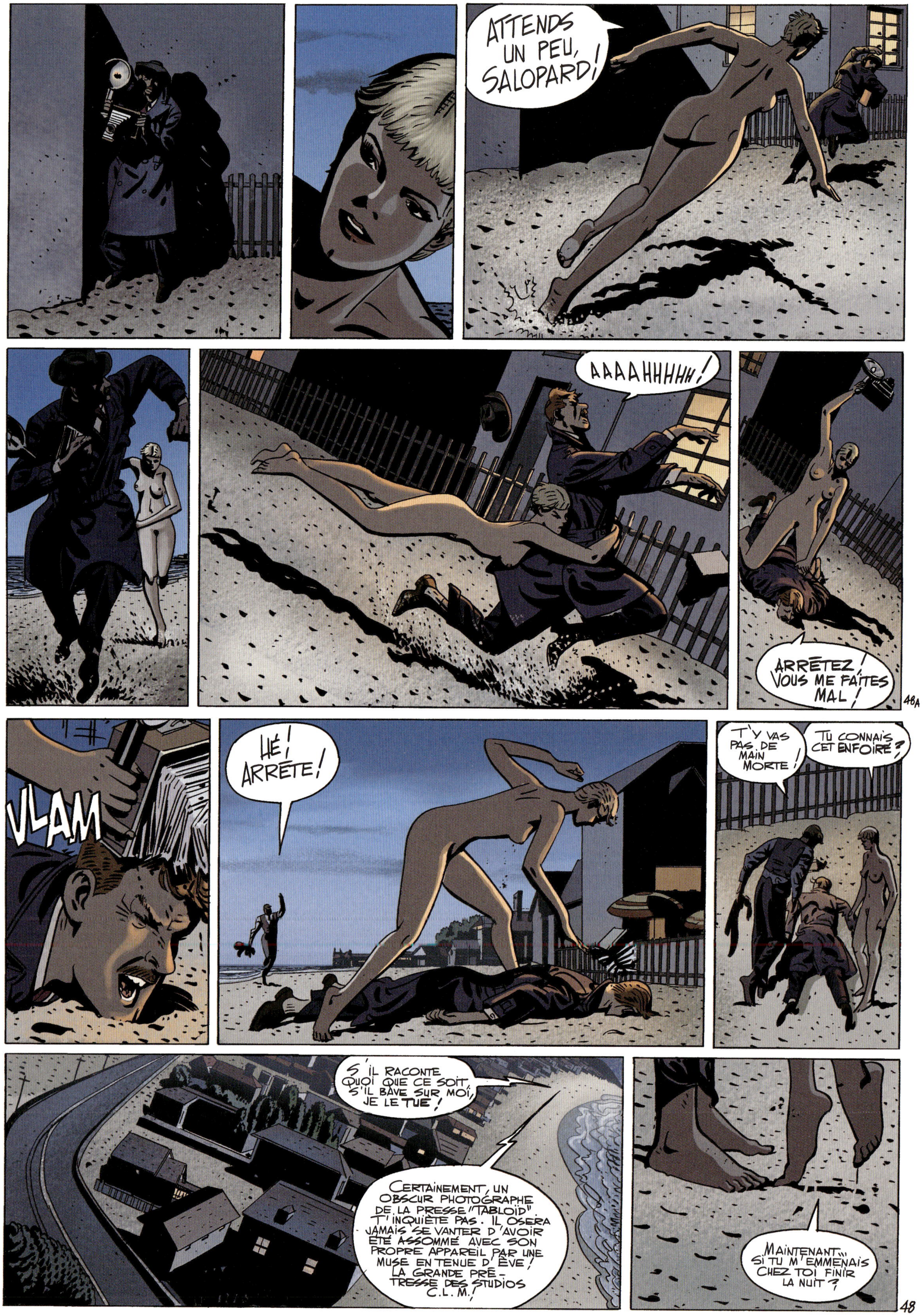
ATTENDS UN PEU, SALOPARD !
AAAAHHHHH !
ARRÊTEZ ! VOUS ME FAITES MAL !
48A
VLAM
HÉ ! ARRÊTE !
T'Y VAS PAS DE MAIN MORTE !
TU CONNAIS CET ENFOIRÉ ?
S'IL RACONTE QUOI QUE CE SOIT, S'IL BAVE SUR MOI, JE LE TUE !
CERTAINEMENT UN OBSCUR PHOTOGRAPHE DE LA PRESSE "TABLOÏD". T'INQUIÈTE PAS. IL OSERA JAMAIS SE VANTER D'AVOIR ÉTÉ ASSOMMÉ AVEC SON PROPRE APPAREIL PAR UNE MUSE EN TENUE D'ÈVE ! LA GRANDE PRÊTRESSE DES STUDIOS C.L.M. !
MAINTENANT... SI TU M'EMMENAIS CHEZ TOI FINIR LA NUIT ?
48

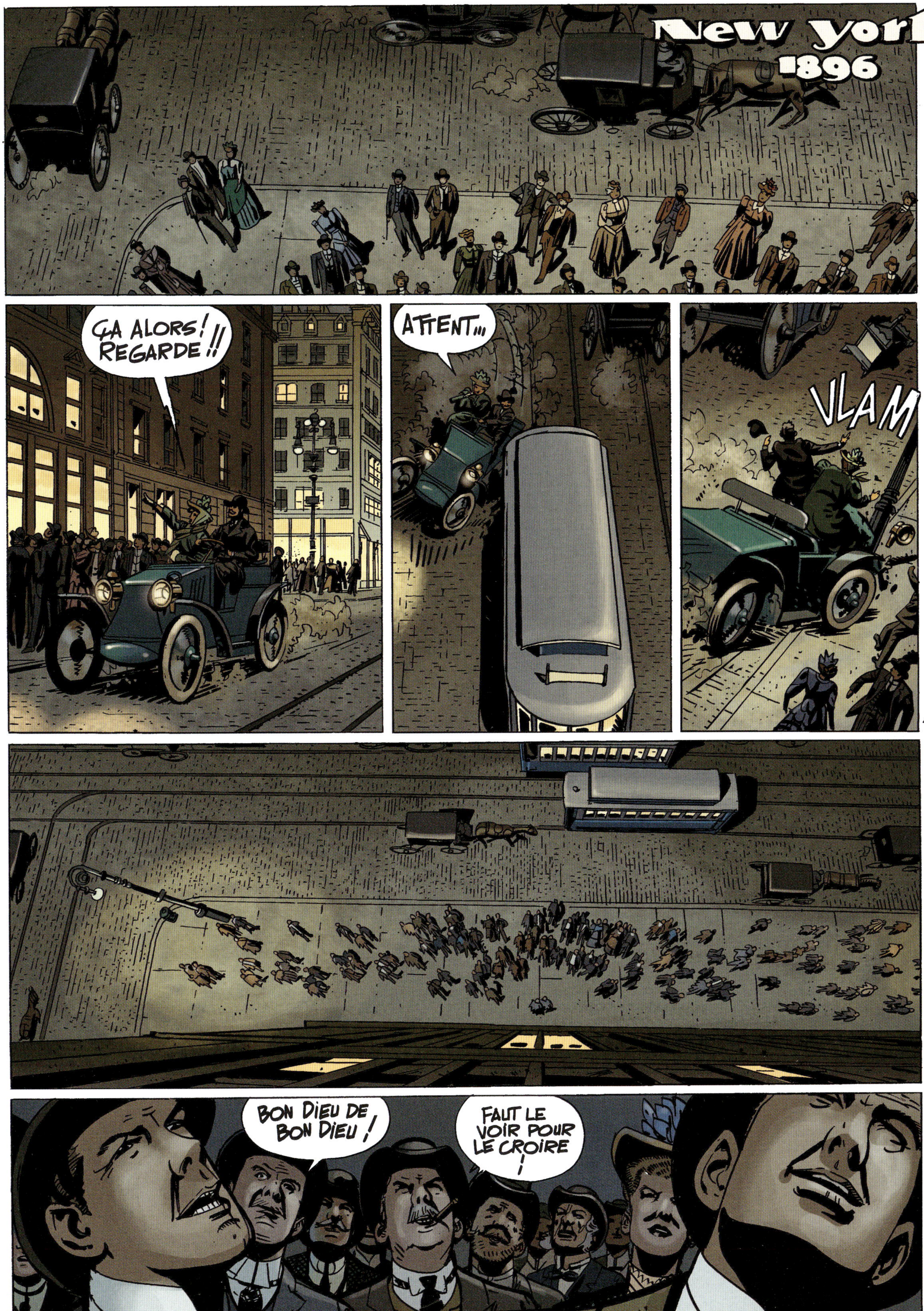
New york
1896
ÇA ALORS! REGARDE!!
ATTENT...
VLAM
49A
BON DIEU DE BON DIEU!
FAUT LE VOIR POUR LE CROIRE!
49

OOOOOOOOoHHHHH
OOOOOOHHHHH
JAMAIS VU AUTANT DE MONDE DE MA VIE !
ÇA ! POUR MARCHER, ON PEUT DIRE QUE ÇA MARCHE !
T'ES LE MEILLEUR, MAX !
50A
ARRÊTEZ-MOI ÇA !
ATTENTION, C'EST FRAGILE !
ON PEUT DISCUTER ?
ON FAIT RIEN DE MAL ! VOUS N'AVEZ PAS LE DROIT DE...
50

AVEC TOUT CE BORDEL EN BAS, C'EST LA TAULE DIRECT ! FAITES PAS LES MALINS !
O.K. JE ME RENDS.
HÉ !
EH MERDE !
C'EST UNE VRAIE ANGUILLE !
SURTOUT, LA LÂCHE PAS !
POUR LES DEUX AUTRES, INUTILE DE PRENDRE DES GANTS...
51A
ON N'EST PAS PRÈS DE SORTIR ! SURTOUT, SI PABST NOUS LÂCHE !
Y'A AUCUNE RAISON QU'IL VIENNE À NOTRE SECOURS, MAINTENANT QU'IL A EU SA PROJECTION ! PUTAIN DE DÉROUILLÉE !
FAUT DIRE, JANET, QUE SI T'AVAIS PAS TENTÉ DE TE SAUVER... UN MIRACLE QUE LE PROJECTEUR SOIT ENCORE INTACT.
JE SUIS L'AVOCAT DE MONSIEUR PABST. IL A PAYÉ VOTRE CAUTION.
51

FÉLICITATIONS !
MES CHERS AMIS ! NOUS AVONS ÉTÉ DÉVALISÉS ! ON NE TROUVE PLUS UNE SEULE BIÈRE PABST DANS TOUT NEW YORK !
IL FAUT FRAPPER UN GRAND COUP ! REFAIRE UNE PROJECTION D'UN GRATTE-CIEL, AU PLUS VITE. CE SOIR...
NE ME PARLEZ PLUS DE COUPS...
PLUS JAMAIS ! JE REFUSE DE PASSER UNE NOUVELLE NUIT EN TAULE !
CE SOIR, J'AI RENDEZ-VOUS AVEC UN BON LIT...
RÉFLÉCHISSEZ BIEN ! JE DOUBLE LA SOMME CONVENUE À CHAQUE NOUVELLE PROJECTION. ET S'IL Y A ARRESTATION, JE TRIPLE LA PRIME ET PAYE VOTRE CAUTION POUR UNE SORTIE IMMÉDIATE !
POUR UNE NOUVELLE NUIT EN PRISON, FAUDRA MULTIPLIER AU MOINS PAR QUATRE !
52A
ALORS, ON A CONTINUÉ DE DORMIR EN TAULE PRESQUE TOUS LES SOIRS, PENDANT UN MOIS...
À CHAQUE PROJECTION, C'ÉTAIT L'ÉMEUTE. ON TERMINAIT LA SOIRÉE AU TROU ! PABST PAYAIT UNE CAUTION, NOUS SORTAIT DE LÀ, ET ÇA RECOMMENÇAIT.
...IL NOUS A FALLU UN MOIS POUR RÉUNIR ASSEZ D'ARGENT, DIRE ADIEU À LA BIÈRE PABST ET RÉALISER LE RÊVE DE JANET...
LE RÊVE DE MAMAN ?
SE POSER UN PEU... RACHETER UN VIEUX THÉÂTRE POUR LE TRANSFORMER. CRÉER LA PREMIÈRE SALLE DE CINÉMATOGRAPHE !
LA PREMIÈRE SALLE...
REGARDEZ !
...VOILÀ LE COSTUME IDÉAL POUR LE RÔLE PRINCIPAL.
52

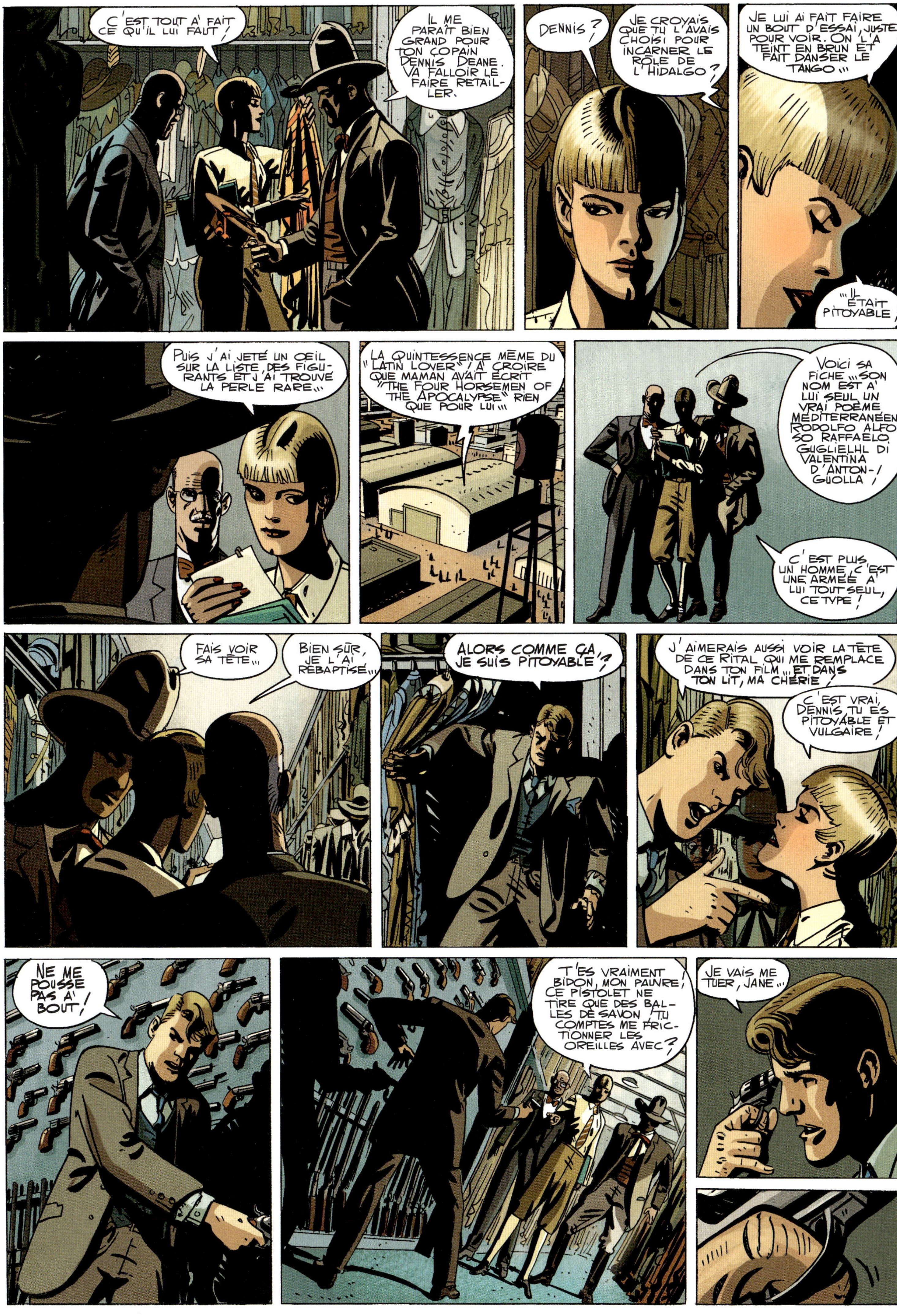
C'EST TOUT A' FAIT CE QU'IL LUI FAUT !
IL ME PARAÎT BIEN GRAND POUR TON COPAIN DENNIS DEANE. VA FALLOIR LE FAIRE RETAILLER.
DENNIS ?
JE CROYAIS QUE TU L'AVAIS CHOISI POUR INCARNER LE RÔLE DE L'HIDALGO ?
JE LUI AI FAIT FAIRE UN BOUT D'ESSAI, JUSTE POUR VOIR. ON L'A TEINT EN BRUN ET FAIT DANSER LE TANGO...
...IL ÉTAIT PITOYABLE !
PUIS J'AI JETÉ UN OEIL SUR LA LISTE DES FIGURANTS ET J'AI TROUVÉ LA PERLE RARE...
LA QUINTESSENCE MÊME DU "LATIN LOVER" ! À CROIRE QUE MAMAN AVAIT ÉCRIT "THE FOUR HORSEMEN OF THE APOCALYPSE" RIEN QUE POUR LUI...
VOICI SA FICHE... SON NOM EST A' LUI SEUL UN VRAI POÈME MÉDITERRANÉEN: RODOLFO ALFONSO RAFFAELO GUGLIELHL DI VALENTINA D'ANTONGUOLLA !
C'EST PLUS UN HOMME, C'EST UNE ARMÉE A' LUI TOUT SEUL, CE TYPE !
FAIS VOIR SA TÊTE...
BIEN SÛR, JE L'AI REBAPTISÉ...
ALORS COMME ÇA, JE SUIS PITOYABLE ?
J'AIMERAIS AUSSI VOIR LA TÊTE DE CE RITAL QUI ME REMPLACE DANS TON FILM... ET DANS TON LIT, MA CHÉRIE !
C'EST VRAI, DENNIS TU ES PITOYABLE ET VULGAIRE !
NE ME POUSSE PAS A' BOUT !
T'ES VRAIMENT BIDON, MON PAUVRE ! CE PISTOLET NE TIRE QUE DES BALLES DE SAVON ! TU COMPTES ME FRICTIONNER LES OREILLES AVEC ?
JE VAIS ME TUER, JANE...

53A

53

FIN DE L'ÉPISODE